Les Plaideurs.

nouvelle édition

LES

PLAIDEURS,

COMÉDIE EN TROIS ACTES ET EN VERS,

DE RACINE.

IMPRIMERIE DE FAIN, PLACE DE L'ODÉON.

LES
PLAIDEURS,

COMÉDIE EN TROIS ACTES ET EN VERS,

DE RACINE;

Représentée, pour la première fois, sur le théâtre de l'hôtel de Bourgogne, par la troupe royale, en novembre 1668.

NOUVELLE ÉDITION,
CONFORME A LA REPRÉSENTATION.

PRIX : 1 FR. 50 CENT.

A PARIS,

Chez BARBA, Libraire, au Palais-Royal, derrière le Théâtre Français, n°. 51.

1818.

AU LECTEUR.

QUAND je lus les *Guêpes d'Aristophane*, je ne songeais guère que j'en dusse faire les *Plaideurs*. J'avoue qu'elles me divertirent beaucoup, et que j'y trouvai quantité de plaisanteries qui me tentèrent d'en faire part au public : mais c'était en les mettant dans la bouche des Italiens, à qui je les avais destinées comme une chose qui leur appartenait de plein droit. Le juge qui saute par les fenêtres, le chien criminel, et les larmes de sa famille, me semblaient autant d'incidens dignes de la gravité de Scaramouche. Le départ de cet acteur interrompit mon dessein, et fit naître l'envie à quelques-uns de mes amis, de voir sur notre théâtre un échantillon d'Aristophane. Je ne me rendis pas à la première proposition qu'ils m'en firent. Je leur dis que, quelque esprit que je trouvasse dans cet auteur, mon inclination ne me porterait pas à le prendre pour modèle, si j'avais à faire une comédie ; et que j'aimerais beaucoup mieux imiter la régularité de Ménandre et de Térence, que la liberté de Plaute et d'Aristophane. On me répondit que, ce n'était pas une comédie qu'on me demandait, et qu'on voulait seulement voir si les bons mots d'Aristophane auraient quelque grâce dans notre langue. Ainsi, moitié en m'encourageant, moitié en mettant eux-mêmes la main à l'œuvre, mes amis me firent commencer une pièce qui ne tarda guère à être achevée.

Cependant la plupart du monde ne se soucie point de l'intention, ni de la diligence des auteurs. On examina d'abord mon amusement comme on aurait fait une tragédie. Ceux-mêmes qui s'y étaient le plus divertis, eurent peur de n'avoir pas ri dans les règles, et trouvèrent mauvais que je n'eusse pas songé plus sérieusement à les faire rire. Quelques autres s'imaginèrent qu'il était bienséant à eux de s'y ennuyer, et que les matières de palais ne pouvaient pas être un sujet de divertissement pour des gens de cour. La pièce fut bientôt après jouée à Versailles; on ne fit point scrupule de s'y réjouir; et ceux qui avaient cru se déshonorer de rire à Paris, furent peut-être obligés de rire à Versailles, pour se faire honneur.

Ils auraient tort, à la vérité, s'ils me reprochaient d'avoir fatigué leurs oreilles de trop de chicane. C'est une langue qui m'est plus étrangère qu'à personne; et je n'en ai employé que quelques mots barbares que je puis avoir appris dans le cours d'un procès que ni mes juges ni moi n'avons jamais bien entendu.

Si j'appréhende quelque chose, c'est que des personnes un peu sérieuses ne traitent de badineries le procès du chien, et les extravagances du juge; mais enfin, je traduis Aristophane, et l'on doit se souvenir qu'il avait affaire à des spectateurs assez difficiles. Les Athéniens savaient apparemment ce que c'était que le sel attique; et ils étaient bien sûrs, quand ils avaient ri d'une chose, qu'ils n'avaient pas ri d'une sottise.

Pour moi, je trouve qu'Aristophane a eu raison de pousser les choses au-delà du vraisemblable. Les juges de l'aréopage n'auraient pas peut-être trouvé bon qu'il eût marqué au naturel leur avidité de gagner, les bons tours de leurs secrétaires, et les forfanteries de leurs avocats. Il était à propos d'outrer un peu les personnages pour les empêcher de se reconnaître. Le public ne laissait pas de discerner le vrai au travers du ridicule; et je m'assure qu'il vaut mieux avoir occupé l'impertinente éloquence de deux orateurs autour d'un chien accusé, que si l'on avait mis sur la sellette un véritable criminel, et qu'on eût intéressé les spectateurs à la vie d'un homme.

Quoiqu'il en soit, je puis dire que notre siècle n'a pas été de plus mauvaise humeur que le sien; et que, si le but de ma comédie était de faire rire, jamais comédie n'a mieux attrapé son but. Ce n'est pas que j'attende un grand honneur d'avoir assez long-temps réjoui le monde; mais je me sais quelque gré de l'avoir fait sans qu'il m'en ait coûté une seule de ces sales équivoques, et de ces malhonnêtes plaisanteries, qui coûtent maintenant si peu à la plupart de nos écrivains, et qui font retomber le théâtre dans la turpitude, d'où quelques auteurs modestes l'avaient tiré.

PERSONNAGES.

DANDIN, juge.
LÉANDRE, fils de Dandin.
CHICANEAU, bourgeois.
L'INTIMÉ, secrétaire de Dandin.
PETIT-JEAN, portier de Dandin.
LE SOUFFLEUR.

ISABELLE, fille de Chicaneau.
LA COMTESSE.

LA BRIE, valet de Chicaneau.
UN VALET de Dandin.

La scène est dans une ville de Basse-Normandie.

Nota. On a observé, dans l'impression, l'ordre des places des personnages, en commençant par la gauche des spectateurs (ce qui est la droite des acteurs). Les changemens de places qui ont lieu dans le cours des scènes, sont indiqués par des renvois au bas des pages.

Les noms imprimés en caractères *penchés*, ou capitales *italiques*, indiquent ceux des personnages qui ne sont pas sur le devant de la scène.

Les vers précédés d'un *astérisque* ne se disent pas à la représentation.

D. L. P.

LES
PLAIDEURS,
COMÉDIE.

~~~~~~

ACTE PREMIER.

(Le théâtre représente une rue. On voit au fond, à droite, la maison de Dandin; et à gauche, celle de Chicaneau.)
(Il ne fait pas encore jour.)

SCÈNE I.

PETIT-JEAN, traînant un gros sac de procès.

Ma foi! sur l'avenir, bien fou qui se fira :
Tel qui rit vendredi, dimanche pleurera.
Un juge l'an passé me prit à son service;
Il m'avait fait venir d'Amiens pour être suisse.
Tous ces Normands voulaient se divertir de nous;
On apprend à hurler, dit l'autre, avec les loups.
Tout Picard que j'étais, j'étais un bon apôtre;
Et je faisais claquer mon fouet tout comme un autre.
Tous les plus gros monsieurs me parlaient chapeau bas.
« Monsieur de Petit-Jean, » ah! gros comme le bras.
Mais sans argent, l'honneur n'est qu'une maladie;
Ma foi! j'étais un franc portier de comédie.
On avait beau heurter, et m'ôter son chapeau,
On n'entrait point chez nous sans graisser le marteau :
Point d'argent, point de Suisse; et ma porte était close.
Il est vrai qu'à monsieur j'en rendais quelque chose :
Nous comptions quelquefois. On me donnait le soin
De fournir la maison de chandelle et de foin;
Mais je n'y perdais rien : enfin, vaille que vaille,
J'aurais, sur le marché, fort bien fourni la paille.
C'est dommage. Il avait le cœur trop au métier;
Tous les jours le premier aux plaids, et le dernier;
Et bien souvent, tout seul, si l'on l'eût voulu croire,

Il s'y serait couché sans manger et sans boire.
Je lui disais parfois : « Monsieur Perrin Dandin,
» Tout franc, vous vous levez tous les jours trop matin.
» Qui veut voyager loin, ménage sa monture :
» Buvez, mangez, dormez, et faisons feu qui dure. »
Il n'en a tenu compte. Il a si bien veillé,
Et si bien fait, qu'on dit que son timbre est brouillé.
Il nous veut tous juger les uns après les autres.
Il marmotte toujours certaines patenôtres
Où je ne comprends rien. Il veut, bon gré, malgré,
Ne se coucher qu'en robe, et qu'en bonnet carré.
Il fit couper la tête à son coq, de colère,
Pour l'avoir éveillé plus tard qu'à l'ordinaire ;
Il disait qu'un plaideur, dont l'affaire allait mal,
Avait graissé la pate à ce pauvre animal.
Depuis ce bel arrêt, le pauvre homme a beau faire,
Son fils ne souffre plus qu'on lui parle d'affaire.
Il nous le fait garder, jour et nuit, et de près ;
Autrement serviteur, et mon homme est aux plaids.
Pour s'échapper de nous, Dieu sait s'il est alègre.
Pour moi, je ne dors plus. Aussi je deviens maigre,
C'est pitié. Je m'étends, et ne fais que bâiller.
Mais veille qui voudra, voici mon oreiller ;
Ma foi ! pour cette nuit, il faut que je m'en donne.
Pour dormir dans la rue on n'offense personne.
Dormons.

(Il se couche à terre, la tête sur le sac de procès.)

SCÈNE II.

PETIT-JEAN, *L'INTIMÉ.*

L'INTIMÉ.

Hé ! Petit-Jean ! Petit-Jean !

PETIT-JEAN.

L'Intimé.

(A part.)
Il a déjà bien peur de me voir enrhumé.

L'INTIMÉ.

Que diable ! si matin que fais-tu dans la rue ?

PETIT-JEAN.

Est-ce qu'il faut toujours faire le pied de grue ;

Garder toujours un homme, et l'entendre crier ?
Quelle gueule ! Pour moi, je crois qu'il est sorcier.

L'INTIMÉ.

Bon !

PETIT-JEAN.

Je lui disais donc ; en me grattant la tête,
Que je voulais dormir. « Présente ta requête
» Comme tu veux dormir, » m'a-t-il dit gravement.
Je dors en te contant la chose seulement.
Bonsoir.

L'INTIMÉ.

Comment, bonsoir ? Que le diable m'emporte
Si... Mais j'entends du bruit au-dessus de la porte.

(PETIT-JEAN se relève.)

SCÈNE III.

PETIT-JEAN, L'INTIMÉ, DANDIN.

DANDIN, à la fenêtre. (Il tient à sa main une liasse de sacs de procès ; d'autres sont attachés autour de son corps, et à ses jarretières.)

Petit-Jean ! L'Intimé !

L'INTIMÉ, bas, à Petit-Jean.

Paix.

DANDIN.

Je suis seul ici.
Voilà mes guichetiers en défaut, Dieu merci.
Si je leur donne temps, ils pourront comparaître.
Çà, pour nous élargir, sautons par la fenêtre.
Hors de cour !

(Il saute par la fenêtre.)

L'INTIMÉ.

Comme il saute !

(1) PETIT-JEAN, arrêtant Dandin, à l'aide de l'Intimé.

Oh ! monsieur, je vous tien.

DANDIN.

Au voleur ! au voleur !

PETIT-JEAN.

Oh ! nous vous tenons bien.

---

(1) Petit-Jean, Dandin, L'Intimé.

L'INTIMÉ

Vous avez beau crier.

DANDIN.

Main-forte ! L'on me tue !

SCÈNE IV.

PETIT-JEAN, DANDIN, *LÉANDRE*, L'INTIMÉ

LÉANDRE.

Vite un flambeau ! j'entends mon père dans la rue.

SCÈNE V.

PETIT-JEAN, LÉANDRE, DANDIN, L'INTIMÉ
UN VALET, tenant une lumière.

LÉANDRE.

Mon père, si matin qui vous fait déloger ?
Où courez-vous la nuit ?

DANDIN.

Je veux aller juger.

LÉANDRE.

Et qui juger ? Tout dort.

PETIT-JEAN.

Ma foi ! je ne dors guères.

LÉANDRE,

Que de sacs ! il en a jusques aux jarretières.

DANDIN.

Je ne veux de trois mois rentrer dans la maison.
De sacs et de procès j'ai fait provision.

LÉANDRE.

Et qui vous nourrira ?

DANDIN.

Le buvetier, je pense.

LÉANDRE.

Mais où dormirez-vous, mon père ?

DANDIN.

A l'audience.

LÉANDRE.

Non, mon père ; il vaut mieux que vous ne sortiez pas.
Dormez chez vous. Chez vous faites tous vos repas.

Souffrez

Souffrez que la raison enfin vous persuade ;
Et, pour votre santé...

DANDIN.

Je veux être malade.

LÉANDRE.

Vous ne l'êtes que trop. Donnez-vous du repos.
Vous n'avez tantôt plus que la peau sur les os.

DANDIN.

Du repos ? Ah ! sur toi tu veux régler ton père.
Crois-tu qu'un juge n'ait qu'à faire bonne chère ;
Qu'à battre le pavé comme un tas de galans ;
Courir le bal la nuit, et le jour les brelans ?
L'argent ne nous vient pas si vite que l'on pense.
Chacun de tes rubans me coûte une sentence.
Ma robe vous fait honte. Un fils de juge ! Ah, fi !
Tu fais le gentilhomme. Eh ! Dandin, mon ami,
Regarde dans ma chambre, et dans ma garderobe,
Les portraits des Dandins. Tous ont porté la robe,
Et c'est le bon parti. Compare, prix pour prix,
Les étrennes d'un juge, à celles d'un marquis :
Attends que nous soyons à la fin de décembre.
Qu'est-ce qu'un gentilhomme? Un pilier d'antichambre.
Combien en as-tu vu, je dis des plus huppés,
A souffler dans leurs doigts dans ma cour occupés
Le manteau sur le nez, ou la main dans la poche ;
Enfin, pour se chauffer, venir tourner ma broche:
Voilà comme on les traite. Eh ! mon pauvre garçon,
De ta défunte mère est-ce là la leçon ?
La pauvre Babonnette ! Hélas ! lorsque j'y pense,
Elle ne manquait pas une seule audience :
Jamais, au grand jamais, elle ne me quitta ;
Et Dieu sait bien souvent ce qu'elle en rapporta.
Elle eût du buvetier emporté les serviettes,
Plutôt que de rentrer au logis les mains nettes.
Et voilà comme on fait les bonnes maisons. Va,
Tu ne seras qu'un sot.

LÉANDRE.

Vous vous morfondez là,
Mon père. Petit-Jean, remenez votre maître ; (1)
Couchez-le dans son lit ; fermez porte, fenêtre ;
Qu'on barricade tout, afin qu'il ait plus chaud.

(1) Léandre, Petit-Jean, Dandin, L'Intimé, *un Valet*.

PETIT-JEAN.

Faites donc mettre au moins des garde-fous là haut.

DANDIN.

Quoi ! l'on me mènera coucher sans autre forme ?
Obtenez un arrêt comme il faut que je dorme.

LÉANDRE.

Eh ! par provision, mon père, couchez-vous.

DANDIN.

J'irai ; mais je m'en vais vous faire enrager tous.
Je ne dormirai point.

LÉANDRE.

Eh bien, à la bonne heure.
Qu'on ne le quitte pas. Toi, l'Intimé, demeure.

(DANDIN rentre dans sa maison, PETIT-JEAN lui donnant le bras. Le VALET les précède.)

SCÈNE VI.

(Le jour paraît pendant cette scène.)

LÉANDRE, L'INTIMÉ.

LÉANDRE.

Je veux t'entretenir un moment sans témoin.

L'INTIMÉ.

Quoi ! vous faut-il garder ?

LÉANDRE.

J'en aurais bon besoin.
J'ai ma folie, hélas ! aussi-bien que mon père.

L'INTIMÉ.

Oh ! vous voulez juger ?

LÉANDRE.

Laissons là le mystère.

(Lui montrant la maison de Chicaneau.)

Tu connais ce logis.

L'INTIMÉ.

Je vous entends enfin :
Diantre ! l'amour vous tient au cœur de bon matin.
Vous me voulez parler sans doute, d'Isabelle.
Je vous l'ai dit cent fois, elle est sage, elle est belle ;
Mais vous devez songer que monsieur Chicaneau
De son bien en procès consume le plus beau.

Qui ne plaide-t-il point ? Je crois qu'à l'audience
Il fera, s'il ne meurt, venir toute la France.
Tout auprès de son juge il s'est venu loger.
L'un veut plaider toujours, l'autre toujours juger ;
Et c'est un grand hasard s'il conclut votre affaire,
Sans plaider le curé, le gendre, et le notaire.

LÉANDRE.

Je le sais comme toi ; mais malgré tout cela,
Je meurs pour Isabelle.

L'INTIMÉ.

Eh bien ! épousez-la :
Vous n'avez qu'à parler, c'est une affaire prête.

LÉANDRE.

Eh ! cela ne va pas si vite que ta tête.
Son père est un sauvage à qui je ferais peur.
A moins que d'être huissier, sergent, ou procureur,
On ne voit point sa fille ; et la pauvre Isabelle,
Invisible et dolente, est en prison chez elle.
Elle voit dissiper sa jeunesse en regrets ;
Mon amour en fumée, et son bien en procès.
Il la ruinera, si l'on le laisse faire.
Ne connaîtrais-tu pas quelque honnête faussaire
Qui servît ses amis, en le payant, s'entend ;
Quelque sergent zélé ?

L'INTIMÉ.

Bon ! l'on en trouve tant !

LÉANDRE.

Mais encore...

L'INTIMÉ.

Ah ! monsieur, si feu mon pauvre père
Était encor vivant, c'était bien votre affaire.
Il gagnait en un jour plus qu'un autre en six mois.
Ses rides sur son front gravaient tous ses exploits. (1)
Il vous eût arrêté le carrosse d'un prince ;
Il vous l'eût pris lui-même ; et, si dans la province
Il se donnait en tout vingt coups de nerfs de bœuf,
Mon père, pour sa part, en emboursait dix-neuf.
Mais de quoi s'agit-il ? Suis-je pas fils de maître ?
Je vous servirai.

(1) Ce vers parodie celui du Cid, acte I, scène I.

Ses rides sur son front ont gravé ses exploits.

LÉANDRE.
Toi ?

L'INTIMÉ.
Mieux qu'un sergent peut-être.

LÉANDRE.
Tu porterais au père un faux exploit ?

L'INTIMÉ.
Hon, hon ?

LÉANDRE.
Tu rendrais à la fille un billet ?

L'INTIMÉ.
Pourquoi non ?
Je suis des deux métiers.

SCÈNE VII.

CHICANEAU, dans sa maison, sans être vu ; LÉANDRE
L'INTIMÉ.

(On entend la voix de Chicaneau.)

LÉANDRE.
Viens, je l'entends qui crie ;
Allons à ce dessein rêver ailleurs.

(Il rentre dans la maison de son père, avec l'Intimé.)

SCÈNE VIII.

CHICANEAU, sortant de chez lui.

La Brie !

SCÈNE IX.

LA BRIE, CHICANEAU.

(A la fin de chaque phrase de Chicaneau, La Brie va pour rentrer dans la maison, ma
il revient à la voix de son maître.)

CHICANEAU.
Qu'on garde la maison, je reviendrai bientôt. —
Qu'on ne laisse monter aucune âme là-haut. —
Fais porter cette lettre à la poste du Maine. —
Prends-moi dans mon clapier trois lapins de garenne,

Et chez mon procureur porte-les ce matin. —
Si son clerc vient céans, fais-lui goûter mon vin. —
Ah ! Donne-lui ce sac qui pend à ma fenêtre. —
Est-ce tout ? — Il viendra me demander peut-être ,
Un grand homme sec ; là, qui me sert de témoin,
Et qui jure pour moi lorsque j'en ai besoin ;
Qu'il m'attende.

(LA BRIE rentre dans la maison.)

SCÈNE X.

CHICANEAU , seul.

Je crains que mon juge ne sorte.
Quatre heures vont sonner. Mais frappons à sa porte.
(Il frappe à la porte de Dandin.)

SCÈNE XI.

CHICANEAU, PETIT-JEAN.

PETIT-JEAN, entr'ouvrant la porte.

Qui va là ?

CHICANEAU.

Peut-on voir monsieur ?

PETIT-JEAN, refermant la porte.

Non.

CHICANEAU refrappe à la porte.
(PETIT-JEAN reparaît en tenant la porte entr'ouverte.)
Pourrait-on

Dire un mot à monsieur son secrétaire ?

PETIT-JEAN, refermant la porte.

Non.

CHICANEAU refrappe à la porte.
(PETIT-JEAN reparaît.)

Et monsieur son portier ?

PETIT-JEAN, tenant toujours la porte entr'ouverte.

C'est moi-même.

CHICANEAU, en lui donnant de l'argent.

De grâce ,

Buvez à ma santé, monsieur.

PETIT-JEAN, en recevant l'argent.

　　　　　　　　　　　　Grand bien vous fasse.
Mais revenez demain.

(Il ferme la porte.)

SCÈNE XII.

CHICANEAU, seul.

　　　　　　Hé ! rendez donc l'argent.
Le monde est devenu, sans mentir, bien méchant !
J'ai vu que les procès ne donnaient point de peine,
Six écus en gagnaient une demi-douzaine ;
Mais aujourd'hui, je crois que tout mon bien entier
Ne me suffirait pas pour gagner un portier.

SCÈNE XIII.

LA COMTESSE, CHICANEAU.

CHICANEAU.

Mais j'aperçois venir madame la comtesse
De Pimbesche. Elle vient pour affaire qui presse.

(LA COMTESSE va à la porte de Dandin.)(1)

CHICANEAU.

Madame, on n'entre plus.

LA COMTESSE.

　　　　　　　　　Eh bien ! l'ai-je pas dit ?
Sans mentir, mes valets me font perdre l'esprit.
Pour les faire lever c'est en vain que je gronde, (2)
Il faut que tous les jours j'éveille tout mon monde.

CHICANEAU.

Il faut absolument qu'il se fasse céler.

LA COMTESSE.

Pour moi, depuis deux jours je ne lui puis parler.

CHICANEAU.

Ma partie est puissante, et j'ai lieu de tout craindre.

(1) Chicaneau, *La Comtesse.*

(2) Chicaneau, La Comtesse.

LA COMTESSE.

Après ce qu'on m'a fait, il ne faut plus se plaindre.

CHICANEAU.

Si pourtant, j'ai bon droit.

LA COMTESSE.

Ah ! monsieur, quel arrêt !

CHICANEAU.

Je m'en rapporte à vous. Écoutez, s'il vous plaît.

LA COMTESSE.

Il faut que vous sachiez, monsieur, la perfidie...

CHICANEAU.

Ce n'est rien dans le fond.

LA COMTESSE.

Monsieur, que je vous die....

CHICANEAU.

Voici le fait. Depuis quinze ou vingt ans en çà,
Au travers d'un mien pré certain ânon passa,
S'y veautra ; non sans faire un notable dommage,
Dont je formai ma plainte au juge du village.
Je fais saisir l'ânon. Un expert est nommé.
A deux bottes de foin le dégât estimé.
Enfin, au bout d'un an, sentence par laquelle
Nous sommes renvoyés hors de cour. J'en appelle.
Pendant qu'à l'audience on poursuit un arrêt,
(Remarquez bien ceci, madame, s'il vous plaît,)
Notre ami Drolichon, qui n'est pas une bête,
Obtient pour quelque argent un arrêt sur requête,
Et je gagne ma cause. A cela que fait-on ?
Mon chicaneur s'oppose à l'exécution.
Autre incident. Tandis qu'au procès on travaille,
Ma partie en mon pré laisse aller sa volaille.
Ordonné qu'il sera fait rapport à la cour
Du foin que peut manger une poule en un jour.
Le tout joint au procès enfin ; et toute chose
Demeurant en état, on appointe la cause.
Le cinquième ou sixième Avril cinquante-six,
J'écris sur nouveaux frais. Je produis, je fournis
De dits, de contredits, enquêtes, compulsoires,
Rapports d'experts, transports, trois interlocutoires,
Griefs et faits nouveaux, baux, et procès verbaux.

J'obtiens lettres royaux, et je m'inscris en faux.
Quatorze appointemens, trente exploits, six instances,
Six-vingt productions, vingt arrêts de défenses.
Arrêt enfin. Je perds ma cause avec dépens
Estimez environ enfin cinq à six mille francs.
Est-ce là faire droit ? est-ce là comme on juge ?
Après quinze ou vingt ans ! Il me reste un refuge ;
La requête civile est ouverte pour moi :
Je ne suis pas rendu. Mais vous, comme je voi,
Vous plaidez ?

LA COMTESSE.

Plût à Dieu !

CHICANEAU.

J'y brûlerai mes livres.

LA COMTESSE.

Je.....

CHICANEAU.

Deux bottes de foin cinq à six mille livres !

LA COMTESSE.

Monsieur, tous mes procès allaient être finis :
Il ne m'en restait plus que quatre ou cinq petits ;
L'un contre mon mari, l'autre contre mon père,
Et contre mes enfans. Ah ! monsieur, la misère !
Je ne sais quel biais ils ont imaginé,
Ni tout ce qu'ils ont fait ; mais on leur a donné
Un arrêt, par lequel, moi vêtue et nourrie,
On me défend, monsieur, de plaider de ma vie.

CHICANEAU.

De plaider ?

LA COMTESSE.

De plaider.

CHICANEAU.

Certes, le trait est noir.

J'en suis surpris.

LA COMTESSE.

Monsieur, j'en suis au désespoir.

CHICANEAU.

Comment ! lier les mains aux gens de votre sorte !
Mais cette pension, madame, est-elle forte ?

LA COMTESSE.

Je n'en vivrais, monsieur, que trop honnêtement ;
Mais vivre sans plaider, est-ce contentement ?

CHICANEAU.

CHICANEAU.

Des chicaneurs viendront nous manger jusqu'à l'âme,
Et nous ne dirons mot ! Mais, s'il vous plaît, madame,
Depuis quand plaidez-vous ?

LA COMTESSE.

Il ne m'en souvient pas.
Depuis trente ans, au plus.

CHICANEAU.

Ce n'est pas trop.

LA COMTESSE.

Hélas !

CHICANEAU.

Et quel âge avez-vous ? Vous avez bon visage.

LA COMTESSE.

Eh ! quelque soixante ans.

CHICANEAU.

Comment ! c'est le bel âge
Pour plaider.

LA COMTESSE.

Laissez faire, ils ne sont pas au bout.
J'y vendrai ma chemise ; et je veux rien, ou tout.

CHICANEAU.

Madame, écoutez-moi. Voici ce qu'il faut faire.

LA COMTESSE.

Oui, monsieur ; je vous crois comme mon propre père.

CHICANEAU.

J'irais trouver mon juge.....

LA COMTESSE.

Oh ! oui, monsieur, j'irai.

CHICANEAU.

Me jeter à ses pieds...

LA COMTESSE.

Oui, je m'y jetterai :
Je l'ai bien résolu.

CHICANEAU.

Mais daignez donc m'entendre.

LA COMTESSE.

Oui, vous prenez la chose ainsi qu'il la faut prendre.

CHICANEAU.

Avez-vous dit, madame ?
Les Plaideurs. 3

LA COMTESSE.

Oui.

CHICANEAU.

J'irais sans façon

Trouver mon juge...

LA COMTESSE.

Hélas ! que ce monsieur est bon !

CHICANEAU.

Si vous parlez toujours, il faut que je me taise.

LA COMTESSE.

Ah ! que vous m'obligez ! Je ne me sens pas d'aise.

CHICANEAU.

J'irais trouver mon juge, et lui dirais...

LA COMTESSE.

Oui.

CHICANEAU.

Voi !

Et lui dirais : Monsieur...

LA COMTESSE.

Oui, monsieur.

CHICANEAU.

Liez-moi...

LA COMTESSE.

Monsieur, je ne veux point être liée.

CHICANEAU.

A l'autre.

LA COMTESSE.

Je ne la serai point.

CHICANEAU.

Quelle humeur est la vôtre !

LA COMTESSE.

Non.

CHICANEAU.

Vous ne savez pas, madame, où je viendrai.

LA COMTESSE.

Je plaiderai, monsieur, ou bien je ne pourrai.

CHICANEAU.

Mais...

LA COMTESSE.

Mais je ne veux point, monsieur, que l'on me lie.

CHICANEAU.

Enfin, quand une femme en tête a sa folie...

LA COMTESSE.

Fou, vous-même.

CHICANEAU.

Madame !

LA COMTESSE.

Et pourquoi me lier ?

CHICANEAU.

Madame...

LA COMTESSE.

Voyez-vous ! il se rend familier.

CHICANEAU.

Mais, madame...

LA COMTESSE.

Un crasseux, qui n'a que sa chicane,
Veut donner des avis.

CHICANEAU.

Madame !

LA COMTESSE.

Avec son âne.

CHICANEAU.

Vous me poussez !

LA COMTESSE.

Bon homme, allez garder vos foins.

CHICANEAU.

Vous m'excédez !

LA COMTESSE.

Le sot !

CHICANEAU.

Que n'ai-je des témoins !

SCÈNE XIV.

CHICANEAU, *PETIT-JEAN*, LA COMTESSE.

PETIT-JEAN.

Voyez le beau sabat qu'ils font à notre porte !
Messieurs, allez plus loin tempêter de la sorte.

CHICANEAU.

Monsieur, soyez témoin...

LA COMTESSE.

Que monsieur est un sot.

CHICANEAU.

Monsieur, vous l'entendez ; retenez bien ce mot.

PETIT-JEAN, à la Comtesse.

Ah ! vous ne deviez pas lâcher cette parole.

LA COMTESSE.

Vraiment ! c'est bien à lui de me traiter de folle.

PETIT-JEAN, à Chicaneau.

Folle ! Vous avez tort. Pourquoi l'injurier ?

CHICANEAU.

On la conseille.

PETIT-JEAN.

Oh !

LA COMTESSE.

Oui, de me faire lier.

PETIT-JEAN.

Oh, monsieur !

CHICANEAU.

Jusqu'au bout que ne m'écoute-t-elle.

PETIT-JEAN.

Oh, madame !

LA COMTESSE.

Qui moi souffrir qu'on me querelle !

CHICANEAU.

Une crieuse.....

PETIT-JEAN.

Eh ! paix.

LA COMTESSE.

Un chicaneur....

PETIT-JEAN.

Hola !

CHICANEAU.

Qui n'ose plus plaider.

LA COMTESSE.

Que t'importe cela ?
Qu'est-ce qui t'en revient, faussaire, abominable,
Brouillon, voleur ?

CHICANEAU, en sortant.

Et bon, et bon, de par le diable !
Un sergent ! un sergent !

LA COMTESSE , en sortant.

Un huissier ! un huissier !

SCÈNE XV.

PETIT-JEAN, seul.

Ma foi ! juge, et plaideurs, il faudrait tout lier.

FIN DU PREMIER ACTE.

ACTE SECOND.

SCÈNE I.

LÉANDRE, L'INTIMÉ, déguisé en huissier.

L'INTIMÉ.

Monsieur, encore un coup, je ne puis pas tout faire ;
Puisque je fais l'huissier, faites le commissaire.
En robe, sur mes pas, il ne faut que venir ;
Vous aurez tout moyen de vous entretenir.
Changez en cheveux noirs votre perruque blonde.
Ces plaideurs songent-ils que vous soyez au monde ?
Eh ! lorsqu'à votre père ils vont faire leur cour,
A peine seulement savez-vous s'il est jour.
Mais n'admirez-vous pas cette bonne comtesse,
Qu'avec tant de bonheur la fortune m'adresse ;
Qui, dès qu'elle me voit, donnant dans le panneau,
Me charge d'un exploit pour monsieur Chicaneau ;
Et le fait assigner pour certaine parole,
Disant qu'il la voudrait faire passer pour folle,
Je dis folle à lier, et pour d'autres excès
Et blasphèmes, toujours l'ornement des procès ?
Mais vous ne dites rien de tout mon équipage.
Ai-je bien d'un sergent le port et le visage ?

LÉANDRE.

Ah ! fort bien.

L'INTIMÉ.

Je ne sais ; mais je me sens enfin
L'âme et le dos six fois plus durs que ce matin.
Quoi qu'il en soit, voici l'exploit, et votre lettre ;
Isabelle l'aura, j'ose vous le promettre.
Mais, pour faire signer le contrat que voici,
Il faut que sur mes pas vous vous rendiez ici.
Vous feindrez d'informer sur toute cette affaire,
Et vous ferez l'amour en présence du père.

LÉANDRE.

Mais ne va pas donner l'exploit pour le billet.

L'INTIMÉ.

Le père aura l'exploit, la fille le poulet.
Rentrez.

(LÉANDRE rentre dans la maison.)

SCÈNE II.

ISABELLE , L'INTIMÉ.

(L'INTIMÉ frappe à la porte de la maison de Chicaneau.)

ISABELLE, dans la maison.

Qui frappe ?

L'INTIMÉ.

(A lui-même.)

Ami. C'est la voix d'Isabelle.

ISABELLE, sortant de la maison, et s'approchant.

Demandez-vous quelqu'un , monsieur ?

L'INTIMÉ, en lui présentant un papier.

Mademoiselle,

C'est un petit exploit que j'ose vous prier
De m'accorder l'honneur de vous signifier.

ISABELLE.

Monsieur , excusez-moi , je n'y puis rien comprendre.
Mon père va venir, qui pourra vous entendre.

L'INTIMÉ.

Il n'est donc pas ici , mademoiselle ?

ISABELLE.
                    Non.

L'INTIMÉ.

L'exploit, mademoiselle , est mis sous votre nom.

ISABELLE.

Monsieur, vous me prenez pour une autre , sans doute :
Sans avoir de procès , je sais ce qu'il en coûte ;
Et si l'on n'aimait pas à plaider plus que moi ,
Vos pareils pourraient bien chercher un autre emploi.
Adieu.

L'INTIMÉ.

Mais permettez... (1)

ISABELLE.

Je ne veux rien permettre.

(1) L'Intimé, Isabelle.

L'INTIMÉ.

Ce n'est pas un exploit.

ISABELLE.

Chanson !

L'INTIMÉ.

C'est une lettre.

ISABELLE.

Encor moins.

L'INTIMÉ.

Mais lisez.

ISABELLE.

Vous ne m'y tenez pas.

L'INTIMÉ.

C'est de monsieur...

ISABELLE.

Adieu.

(Elle va pour rentrer.)

L'INTIMÉ.

Léandre.

ISABELLE, revenant.

Parlez bas.

C'est de monsieur?..

L'INTIMÉ.

Que diable ! on a bien de la peine
A se faire écouter ; je suis tout hors d'haleine.

ISABELLE.

Ah ! l'Intimé , pardonne à mes sens étonnés.
Donne.

L'INTIMÉ.

Vous me deviez fermer la porte au nez.

ISABELLE.

Et qui t'aurait connu déguisé de la sorte ?
Mais donne.

L'INTIMÉ.

Aux gens de bien ouvre-t-on votre porte ?

ISABELLE.

Eh ! donne donc.

L'INTIMÉ.

La peste !...

ISABELLE.

Oh ! ne donnez donc pas.
Avec votre billet , retournez sur vos pas.

L'INTIMÉ, en lui donnant la lettre.

Tenez. Une autre fois ne soyez pas si prompte.

SCÈNE

SCÈNE III.

L'INTIMÉ, ISABELLE, *CHICANEAU*.

CHICANEAU, à lui-même.

Oui ! je suis donc un sot, un voleur, à son compte !
Un sergent s'est chargé de la remercier,
Et je lui vais servir un plat de mon métier.
Je serais bien fâché que ce fût à refaire,
Ni qu'elle m'envoyât assigner la première.
Mais un homme ici parle à ma fille. Comment !
Elle lit un billet ! Ah ! c'est de quelque amant !
Approchons.

ISABELLE.

Tout de bon, ton maître est-il sincère ?
Le croirai-je ?

L'INTIMÉ.

Il ne dort non plus que votre père,

(Apercevant Chicaneau.)

Il se tourmente ; il vous... fera voir aujourd'hui
Que l'on ne gagne rien à plaider contre lui.

ISABELLE, bas.

(Haut.)

C'est mon père ! Vraiment, vous leur pouvez apprendre
Que, si l'on nous poursuit, nous saurons nous défendre.
Tenez, voilà le cas qu'on fait de votre exploit.

(Elle déchire la lettre.)

CHICANEAU, s'approchant.

Comment ! c'est un exploit que ma fille lisoit !
Ah ! tu seras un jour l'honneur de ta famille :
Tu défendras ton bien. Viens, mon sang, viens, ma fille. (1)
Va, je t'achèterai le patricien françois.
Mais, diantre ! il ne faut pas déchirer les exploits.

ISABELLE.

Au moins, dites-leur bien que je ne les crains guère ;
Ils me feront plaisir ; je les mets à pis faire.

CHICANEAU.

Eh ! ne te fâche point.

ISABELLE.

Adieu, monsieur.

(Elle rentre.)

(1) Viens, mon fils ; viens mon sang.

(*Le Cid*, acte *I*, scène *IV*.)

SCÈNE IV.

L'INTIMÉ, CHICANEAU.

L'INTIMÉ.

Or çà,
Verbalisons.

CHICANEAU.

Monsieur, de grâce, excusez-la ;
Elle n'est pas instruite. Et puis, si bon vous semble,
En voici les morceaux que je vais mettre ensemble.

(Il veut ramasser la lettre déchirée.)

L'INTIMÉ, le retenant.

Non.

CHICANEAU.

Je le lirai bien.

L'INTIMÉ.

Je ne suis pas méchant.
J'en ai sur moi copie.

(Il lui donne un exploit.)

CHICANEAU.

Ah ! le trait est touchant.
Mais je ne sais pourquoi, plus je vous envisage,
Et moins je me remets, monsieur, votre visage.
Je connais force huissiers.

L'INTIMÉ.

Informez-vous de moi.
Je m'acquitte assez bien de mon petit emploi.

CHICANEAU.

Soit. Pour qui venez-vous ?

L'INTIMÉ.

Pour une brave dame,
Monsieur, qui vous honore ; et de toute son âme
Voudrait que vous vinssiez, à ma sommation,
Lui faire un petit mot de réparation.

CHICANEAU.

De réparation ? Je n'ai blessé personne.

L'INTIMÉ.

Je le crois ; vous avez, monsieur, l'âme trop bonne.

CHICANEAU.

Que demandez-vous donc ?

L'INTIMÉ.

Elle voudrait, monsieur,
Que devant des témoins vous lui fissiez l'honneur
De l'avouer pour sage, et point extravagante.

CHICANEAU.

Parbleu! c'est ma comtesse.

L'INTIMÉ.

Elle est votre servante.

CHICANEAU.

Je suis son serviteur.

L'INTIMÉ.

Vous êtes obligeant,
Monsieur.

CHICANEAU.

Oui, vous pouvez l'assurer qu'un sergent
Lui doit porter pour moi tout ce qu'elle demande.
Eh, quoi donc? les battus, ma foi! paîront l'amende.

(Il lit.)

Voyons ce qu'elle chante. Hon... *Sixième janvier...*
Pour avoir faussement dit qu'il fallait lier,
Étant à ce porté par esprit de chicane,
Haute et puissante dame, Yolande Cudasne,
Comtesse de Pimbesche, Orbeschc... Et cætera.
Il soit dit que sur l'heure il se transportera
Au logis de la dame; et là, d'une voix claire,
Devant quatre témoins assistés d'un notaire...
Zeste! *ledit Hiérôme avoûra hautement*
Qu'il la tient pour sensée, et de bon jugement.
Le Bon. C'est donc le nom de votre seigneurie?

L'INTIMÉ.

(A part.)

Pour vous servir. Il faut payer d'effronterie.

CHICANEAU.

Le Bon! Jamais exploit ne fut signé le Bon.
Monsieur le Bon!

L'INTIMÉ.

Monsieur.

CHICANEAU.

Vous êtes un fripon.

L'INTIMÉ.

Monsieur, pardonnez-moi, je suis fort honnête homme.

CHICANEAU.

Mais fripon le plus franc qui soit de Caen à Rome.

L'INTIMÉ.

Monsieur, je ne suis pas pour vous désavouer.
Vous aurez la bonté de me le bien payer.

CHICANEAU.

Moi payer ? En soufflets.

L'INTIMÉ.

Vous êtes trop honnête.
Vous me le paîrez bien.

CHICANEAU.

Oh ! tu me romps la tête ;
(Lui donnant un soufflet qui fait tomber son chapeau.)
Tiens , voilà ton paîment.

L'INTIMÉ.

Un soufflet ! Écrivons.
(Il prend son écritoire, du papier, et met un genou à terre pour écrire.)
Lequel Hiérôme , après plusieurs rébellions,
Aurait atteint, frappé moi sergent à la joue ,
Et fait tomber d'un coup mon chapeau dans la boue.
CHICANEAU, lui donnant un coup de pied.
Ajoute cela.

L'INTIMÉ.

Bon ! c'est de l'argent comptant,
(Écrivant.)
J'en avais bien besoin. *Et , de ce non content ,*
Aurait avec le pied réitéré. Courage !
(CHICANEAU veut déchirer ce que l'Intimé écrit.
Outre plus. Le susdit serait venu de rage ,
Pour lacérer ledit présent procès verbal.
Allons, mon cher monsieur, cela ne va pas mal.
Ne vous relâchez point.

CHICANEAU.

Coquin !

L'INTIMÉ.

Ne vous déplaise,
Quelques coups de bâton, et je suis à mon aise.

CHICANEAU.
(à part.)
Oui-dà. Je verrai bien s'il est sergent.
(Il lève sa canne sur lui.)

L'INTIMÉ, tendant le dos et en posture d'écrire.

Tôt donc,
Frappez. J'ai quatre enfans à nourrir.

CHICANEAU.

Ah, pardon!
Monsieur, pour un sergent je ne pouvais vous prendre;
Mais le plus habile homme enfin peut se méprendre.
(Il aide à l'Intimé à se relever.)
Je saurai réparer ce soupçon outrageant.
Oui, vous êtes sergent, monsieur, et très-sergent.
Touchez là. Vos pareils sont gens que je révère;
Et j'ai toujours été nourri par feu mon père,
Dans la crainte de Dieu, monsieur, et des sergens.

L'INTIMÉ, allant et venant d'un ton de colère.

Non, à si bon marché l'on ne bat point les gens.

CHICANEAU, suivant tous les pas que fait l'Intimé.

Monsieur, point de procès!

L'INTIMÉ.

Serviteur. Contumace,
Bâton levé, soufflet, coup de pied. Ah !

CHICANEAU.

De grâce,
Rendez-les moi plutôt.

L'INTIMÉ.

Suffit qu'ils soient reçus,
Je ne les voudrais pas donner pour mille écus.

SCÈNE V.

L'INTIMÉ, LÉANDRE, en commissaire, CHICANEAU.

L'INTIMÉ.

Voici fort à propos monsieur le commissaire.
(A Léandre.)
Monsieur, votre présence est ici nécessaire.
Tel que vous me voyez, monsieur ici présent
M'a d'un fort grand soufflet fait un petit présent.

LÉANDRE.

A vous, monsieur ?

L'INTIMÉ.

A moi, parlant à ma personne.
Item, un coup de pied; plus, les noms qu'il me donne.

LÉANDRE.

Avez-vous des témoins ?

L'INTIMÉ.

Monsieur, tâtez plutôt.
Le soufflet sur ma joue est encore tout chaud.

LÉANDRE.

Pris en flagrant délit. Affaire criminelle,

CHICANEAU.

Foin de moi !

L'INTIMÉ.

Plus, sa fille, (au moins soi disant telle,)
A mis un mien papier en morceaux ; protestant
Qu'on lui ferait plaisir ; et que d'un œil content,
Elle nous défiait.

LÉANDRE.

Faites venir la fille.

(L'Intimé va chercher Isabelle dans la maison.)

SCÈNE VI.

LÉANDRE, CHICANEAU.

LÉANDRE.

L'esprit de contumace est dans cette famille.

CHICANEAU, à part.

Il faut absolument qu'on m'ait ensorcelé.
Si j'en connais pas un , je veux être étranglé.

LÉANDRE.

Comment ! battre un huissier !

SCÈNE VII.

L'INTIMÉ, ISABELLE, LÉANDRE, CHICANEAU.

LÉANDRE.

Mais voici la rebelle.

L'INTIMÉ, bas, à Isabelle.

Vous le reconnaissez ?

LÉANDRE, à Isabelle.

Eh bien ! mademoiselle,
C'est donc vous qui tantôt braviez notre officier,

Et qui si hautement osez nous défier ?
Votre nom ?

ISABELLE.

Isabelle.

LÉANDRE, à l'Intimé, qui s'est mis un genou à terre pour écrire.
(A Isabelle.)

Écrivez. Et votre âge ?

ISABELLE.

Dix-huit ans.

CHICANEAU.

Elle en a quelque peu davantage ;
Mais n'importe.

LÉANDRE, à Isabelle.

Êtes-vous en pouvoir de mari ?

ISABELLE, en souriant.

Non , monsieur.

LÉANDRE, à Isabelle.
(A L'Intimé.)

Vous riez ? Écrivez qu'elle a ri.

CHICANEAU.

Monsieur, ne parlons point de maris à des filles ;
Voyez-vous , ce sont là des secrets de familles.

LÉANDRE, à l'Intimé.

Mettez qu'il interrompt.

CHICANEAU.

Eh ! je n'y pensais pas.

(Bas à Isabelle, par derrière Léandre.)
Prends bien garde , ma fille , à ce que tu diras.

LÉANDRE, à Isabelle.

Là , ne vous troublez point. Répondez à votre aise.
On ne veut pas rien faire ici qui vous déplaise.
N'avez-vous pas reçu de l'huissier que voilà
Certain papier tantôt ?

ISABELLE.

Oui , monsieur.

CHICANEAU.

Bon ! cela.

LÉANDRE, à Isabelle.

Avez-vous déchiré ce papier sans le lire ?

ISABELLE.

Monsieur, je l'ai lu.

CHICANEAU.

Bon !

LÉANDRE, à l'Intimé.

Continuez d'écrire.

(A. Isabelle.)

Et pourquoi l'avez-vous déchiré ?

ISABELLE.

J'avais peur
Que mon père ne prît l'affaire trop à cœur,
Et qu'il ne s'échauffât le sang à sa lecture.

CHICANEAU.

Et tu fuis les procès ? c'est méchanceté pure.

LÉANDRE, à Isabelle.

Vous ne l'avez donc pas déchiré par dépit,
Ou par mépris de ceux qui vous l'avaient écrit ?

ISABELLE.

Monsieur, je n'ai pour eux ni mépris ni colère.

LÉANDRE, à L'Intimé.

Écrivez.

CHICANEAU.

Je vous dis qu'elle tient de son père,
Elle répond fort bien.

LÉANDRE, à Isabelle.

Vous montrez cependant
Pour tous les gens de robe un mépris évident.

ISABELLE.

Une robe toujours m'avait choqué la vue ;
Mais cette aversion à présent diminue.

CHICANEAU.

La pauvre enfant ! Va, va, je te marirai bien
(A part.)
Dès que je le pourrai, s'il ne m'en coûte rien.

LÉANDRE, à Isabelle.

A la justice donc vous voulez satisfaire ?

ISABELLE.

Monsieur, je ferai tout pour ne vous pas déplaire.

L'INTIMÉ, à Léandre, en lui donnant un écrit.

Monsieur, faites signer.

LÉANDRE, à Isabelle.

Dans les occasions
Soutiendrez-vous au moins vos dépositions ?

ISABELLE.

ISABELLE.

Monsieur, assurez-vous qu'Isabelle est constante.

LÉANDRE.

Signez. Cela va bien, la justice est contente.

(ISABELLE signe le papier que lui présente l'Intimé.)

(A Chicaneau.)

Çà, ne signez-vous pas, monsieur ?

(L'INTIMÉ va présenter le même papier à Chicaneau.) (1)

CHICANEAU.

Oui-dà, gaîment ;

A tout ce qu'elle a dit, je signe aveuglément.

(Il signe.)

LÉANDRE, bas, à Isabelle.

Tout va bien : à mes vœux le succès est conforme ;
Il signe un bon contrat écrit en bonne forme,
Et sera condamné tantôt sur son écrit.

CHICANEAU, à l'Intimé.

Que lui dit-il ? Il est charmé de son esprit.

LÉANDRE, à Isabelle.

Adieu. Soyez toujours aussi sage que belle,

(A l'Intimé.)

Tout ira bien. Huissier, remenez-la chez elle.

(2) (L'INTIMÉ donne la main à Isabelle jusqu'à sa porte.)

(A Chicaneau.)

Et vous, monsieur, marchez.

CHICANEAU.

Où, monsieur ?

LÉANDRE.

Suivez-moi.

CHICANEAU.

Où donc ?

LÉANDRE.

Vous le saurez. Marchez, de par le roi.

CHICANEAU.

Comment !...

SCÈNE VIII.

L'INTIMÉ, PETIT-JEAN, LÉANDRE, CHICANEAU.

PETIT-JEAN.

Holà ! quelqu'un n'a-t-il point vu mon maître ?
Quel chemin a-t-il pris, la porte ou la fenêtre ?

(1) Isabelle, Léandre, L'Intimé, Chicaneau.
(2) *Isabelle*, *L'Intimé*, Léandre, Chicaneau.

Les Plaideurs.   5

LÉANDRE, à part.

A l'autre.

PETIT-JEAN.

Je ne sais qu'est devenu son fils ;
Et pour le père, il est où le diable l'a mis.
Il me redemandait sans cesse ses épices ,
Et j'ai tout bonnement couru dans les offices
Chercher la boîte au poivre ; et lui pendant cela
Est disparu.

SCÈNE IX.

L'INTIMÉ, PETIT-JEAN ; *DANDIN* , à la lucarne de
son grenier; LÉANDRE , CHICANEAU.

DANDIN.

Paix! paix! que l'on se taise-là.

LÉANDRE.

Eh ! grand Dieu !

PETIT-JEAN.

Le voilà , ma foi ! dans les gouttières.

DANDIN.

Quelles gens êtes-vous ? Quelles sont vos affaires?
Qui sont ces gens en robe? Êtes-vous avocats ?
Ça , parlez.

PETIT-JEAN.

Vous verrez qu'il va juger les chats.

DANDIN.

Avez-vous eu le soin de voir mon secrétaire?
Allez lui demander si je sais votre affaire.

LÉANDRE, à part.

Il faut bien que je l'aille arracher de ces lieux.
   (A l'Intimé.)
Sur votre prisonnier, huissier, ayez les yeux.

PETIT-JEAN, à Léandre.

Oh, oh ! monsieur....

LÉANDRE.

Tais-toi , sur les yeux de ta tête ;
Et suis-moi.

(Il entre dans la maison , suivi de Petit-Jean.)

SCÈNE X.

L'INTIMÉ; *DANDIN*, à la lucarne de son grenier;
CHICANEAU.

DANDIN.

Dépêchez. Donnez votre requête.

CHICANEAU.

Monsieur, sans votre aveu, l'on me fait prisonnier.

SCÈNE XI.

L'INTIMÉ, *LA COMTESSE*; *DANDIN*, à la lucarne
de son grenier; *CHICANEAU*.

LA COMTESSE.

Eh! mon Dieu! j'aperçois monsieur dans son grenier.
Que fait-il là?

L'INTIMÉ.

Madame, il y donne audience;
Le champ vous est ouvert.

CHICANEAU, à Dandin.

On me fait violence,
Monsieur; on m'injurie; et je venais ici
Me plaindre à vous.

LA COMTESSE, à Dandin.

Monsieur, je viens me plaindre aussi.

LA COMTESSE et CHICANEAU.

Vous voyez devant vous mon adverse partie.

L'INTIMÉ, à part.

Parbleu! je me veux mettre aussi de la partie.

L'INTIMÉ, LA COMTESSE, CHICANEAU.

Monsieur, je viens ici pour un petit exploit.

CHICANEAU.

Eh! messieurs, tour à tour, exposons notre droit.

LA COMTESSE.

Son droit! tout ce qu'il dit sont autant d'impostures.

DANDIN.

Qu'est-ce qu'on vous a fait?

L'INTIMÉ, LA COMTESSE, CHICANEAU.

On m'a dit des injures.

L'INTIMÉ, continuant.

Outre un soufflet, monsieur, que j'ai reçu plus qu'eux.

CHICANEAU.

Monsieur, je suis cousin de l'un de vos neveux.

LA COMTESSE.

Monsieur, père Cordon vous dira mon affaire.

L'INTIMÉ.

Monsieur, je suis bâtard de votre apothicaire.

DANDIN.

Vos qualités?

LA COMTESSE.

Je suis comtesse.

L'INTIMÉ.

Huissier.

CHICANEAU.

Bourgeois.

Messieurs...

DANDIN, que l'on fait, en-dedans, retirer de la lucarne.

Parlez toujours, je vous entends tous trois.

SCÈNE XII.

L'INTIMÉ, LA COMTESSE, CHICANEAU.

CHICANEAU.

Monsieur...

L'INTIMÉ.

Bon! le voilà qui fausse compagnie.

LA COMTESSE.

Hélas!

CHICANEAU.

Eh quoi! déjà l'audience est finie?
Je n'ai pas eu le temps de lui dire deux mots.

SCÈNE XIII.

L'INTIMÉ, LA COMTESSE ; LÉANDRE, sans robe ;
CHICANEAU.

LÉANDRE.

Messieurs, voulez-vous bien nous laisser en repos ?

CHICANEAU.

Monsieur, peut-on entrer ?

LÉANDRE.

Non, monsieur, ou je meure.

CHICANEAU.

Eh ! pourquoi ? j'aurai fait en une petite heure ;
En deux heures, au plus.

LÉANDRE.

On n'entre point, monsieur.

LA COMTESSE.

C'est bien fait de fermer la porte à ce crieur ;
Mais moi...

LÉANDRE.

L'on n'entre point, madame, je vous jure.

LA COMTESSE.

Oh ! monsieur, j'entrerai.

LÉANDRE.

Peut-être.

LA COMTESSE.

J'en suis sûre.

LÉANDRE.

Par la fenêtre donc ?

LA COMTESSE.

Par la porte...

LÉANDRE.

Il faut voir.

CHICANEAU.

Quand je devrais ici demeurer jusqu'au soir.

SCÈNE XIV.

L'INTIMÉ, LA COMTESSE, LÉANDRE, PETIT-
JEAN, CHICANEAU.

PETIT-JEAN, à Léandre

On ne l'entendra pas, quelque chose qu'il fasse,
Parbleu ! je l'ai fourré dans notre sale basse,
Tout auprès de la cave.

LÉANDRE.

En un mot comme en cent,
On ne voit point mon père.

CHICANEAU.

Eh bien donc... Si pourtant
Sur toute cette affaire il faut que le voye.

SCÈNE XV.

L'INTIMÉ, LA COMTESSE ; *DANDIN*, au soupirail
de sa cave ; LÉANDRE, PETIT-JEAN, CHICANEAU.

(DANDIN paraît par le soupirail de sa cave, et il est près d'en sortir.)

CHICANEAU.

Mais que vois-je ? Ah ! c'est lui que le ciel nous renvoye !

LÉANDRE.

Quoi, par le soupirail !

PETIT-JEAN.

Il a le diable au corps.

(1) *CHICANEAU.*

Monsieur !...

DANDIN.

L'impertinent ! sans lui j'étais dehors.

CHICANEAU.

Monsieur !...

DANDIN.

Retirez-vous, vous êtes une bête.

CHICANEAU.

Monsieur, voulez-vous bien...

DANDIN.

Vous me rompez la tête.

(1) L'Intimé, *La Comtesse, Dandin, Chicaneau*, Léandre, Petit-Jean.

CHICANEAU.
Monsieur, j'ai commandé...

DANDIN.
Taisez-vous, vous dit-on.

CHICANEAU.
Que l'on portât chez vous...

DANDIN.
Qu'on le mène en prison.

CHICANEAU.
Certain cartaut de vin.

DANDIN.
Eh ! je n'en ai que faire.

CHICANEAU.
C'est de très-bon muscat.

DANDIN.
Redites votre affaire.

LÉANDRE, à L'Intimé.
Il faut les entourer ici de tous côtés.

LA COMTESSE.
Monsieur, il vous va dire autant de faussetés.

CHICANEAU.
Monsieur, je vous dis vrai.

DANDIN.
Mon Dieu ! laissez-la dire.

LA COMTESSE.
Monsieur, écoutez-moi.

DANDIN.
Souffrez que je respire.

CHICANEAU.
Monsieur...

DANDIN.
Vous m'étranglez.

LA COMTESSE.
Tournez les yeux vers moi.

DANDIN.
Elle m'étrangle. Ay ! ay !
(Il s'accroche à Chicaneau.)

CHICANEAU.

Vous m'entraînez, ma foi !
Prenez garde, je tombe.

(DANDIN retombe dans sa cave, et entraîne Chicaneau.)

SCÈNE XVI.

L'INTIMÉ; *LA COMTESSE*, près du soupirail;
LÉANDRE, PETIT-JEAN.

PETIT-JEAN.

Ils sont, sur ma parole,
L'un et l'autre encavés.

LÉANDRE, à Petit-Jean.

Vite, que l'on y vole;
Courez à leur secours.

(PETIT-JEAN rentre dans la maison.)

SCÈNE XVII.

L'INTIMÉ; *LA COMTESSE* près du soupirail;
LÉANDRE.

LÉANDRE.

Mais au moins je prétends
Que monsieur Chicaneau, puis qu'il est là dedans,
N'en sorte d'aujourd'hui. L'Intimé, prends-y garde.

L'INTIMÉ, en rentrant.

Gardez le soupirail.

LÉANDRE.

Va vite, je le garde.

SCÈNE XVIII.

LA COMTESSE, près du soupirail; LÉANDRE.

LA COMTESSE.

Misérable ! il s'en va lui prévenir l'esprit.

(En haussant la voix, par le soupirail.)

Monsieur, ne croyez rien de tout ce qu'il vous dit.
Il n'a point de témoins. C'est un menteur.

LÉANDRE.

Madame,
Que leur contez-vous là ? Peut-être ils rendent l'âme.

LA COMTESSE.

Il lui fera, monsieur, croire ce qu'il voudra.
Souffrez que j'entre.

LÉANDRE.

Oh ! non, personne n'entrera.

LA COMTESSE.

LA COMTESSE.

Je le vois bien, monsieur, le vin muscat opère
Aussi-bien sur le fils que sur l'esprit du père.
Patience ; je vais protester comme il faut
Contre monsieur le juge, et contre le cartaut.

LÉANDRE. (Elle sort.)

Allez donc, et cessez de nous rompre la tête.

SCÈNE XIX.

LÉANDRE, seul.

Que de fous ! Je ne fus jamais à telle fête.

SCÈNE XX.

LÉANDRE, *DANDIN*, *L'INTIMÉ*.

L'INTIMÉ, soutenant Dandin.

Monsieur, où courez-vous ? C'est vous mettre en danger,
Et vous boitez tout bas.

DANDIN.

Je veux aller juger.

LÉANDRE.

Comment, mon père ! Allons, permettez qu'on vous panse.
Vite, un chirurgien.

DANDIN.

Qu'il vienne à l'audience.

LÉANDRE.

Eh ! mon père, arrêtez...

DANDIN.

Oh ! je vois ce que c'est,
Tu prétends faire ici de moi ce qui te plaît :
Tu ne gardes pour moi respect ni complaisance.
Je ne puis prononcer une seule sentence.
Achève, prends ce sac, prends vite.

LÉANDRE.

Eh ! doucement,
Mon père. Il faut trouver quelque accommodement.
Si pour vous, sans juger, la vie est un supplice ;
Si vous êtes pressé de rendre la justice,

Il ne faut point sortir pour cela de chez vous ;
Exercez le talent, et jugez parmi nous.

DANDIN.

Ne raillons point ici de la magistrature.
Vois-tu ? je ne veux point être un juge en peinture.

LÉANDRE.

Vous serez au contraire un juge sans appel,
Et juge du civil comme du criminel.
Vous pourrez tous les jours tenir deux audiences :
Tout vous sera chez vous matière de sentences.
Un valet manque-t-il de rendre un verre net,
Condamnez à l'amende ; ou, s'il le casse, au fouet.

DANDIN.

C'est quelque chose. Encor passe quand on raisonne.
Et mes vacations, qui les paîra ? Personne ?

LÉANDRE.

Leurs gages vous tiendront lieu de nantissement.

DANDIN.

Il parle, ce me semble, assez pertinemment.

LÉANDRE.

Contre un de vos voisins...

SCÈNE XXI.

LÉANDRE, DANDIN ; *PETIT-JEAN*, un bâton à la
main ; L'INTIMÉ.

PETIT-JEAN.

Arrête ! arrête ! attrappe !

LEANDRE, bas, à l'Intimé, par derrière Dandin.

Ah ! c'est mon prisonnier sans doute qui s'échappe.

L'INTIMÉ, bas.

Non, non, ne craignez rien.

(1) PETIT-JEAN, à Dandin.

Tout est perdu... Citron...
Votre chien... vient-là bas de manger un chapon :
Rien n'est sûr devant lui ; ce qu'il trouve, il l'emporte.

(1) Petit-Jean, Léandre, Dandin, L'Intimé.

LÉANDRE.

Bon ! voilà pour mon père une cause. Main-forte !
Qu'on se mette après lui : courez tous.

DANDIN.

Point de bruit,
Tout doux. Un amené sans scandale suffit.

LÉANDRE.

Çà, mon père, il faut faire un exemple authentique :
Jugez sévèrement ce voleur domestique.

DANDIN.

Mais je veux faire au moins la chose avec éclat.
Il faut de part et d'autre avoir un avocat ;
Nous n'en avons pas un.

LÉANDRE.

Eh bien ! il en faut faire.
Voilà votre portier, et votre secrétaire ;
Vous en ferez, je crois, d'excellens avocats ;
Ils sont fort ignorans.

L'INTIMÉ.

Non pas, monsieur, non pas.
J'endormirai monsieur, tout aussi-bien qu'un autre.

PETIT-JEAN.

Pour moi, je ne sais rien : n'attendez rien du nôtre.

LÉANDRE.

C'est ta première cause, et l'on te la fera.

PETIT-JEAN.

Mais je ne sais pas lire.

LÉANDRE.

Eh ! l'on te soufflera.

DANDIN.

Allons nous préparer. Çà, messieurs, point d'intrigue.
Fermons l'œil aux présens, et l'oreille à la brigue.
Vous, maître Petit-Jean, serez le demandeur.
Vous, maître l'Intimé, soyez le défendeur.

FIN DU SECOND ACTE.

ACTE TROISIÈME.
SCÈNE I.
CHICANEAU, LÉANDRE.
CHICANEAU.

Oui, monsieur, c'est ainsi qu'ils ont conduit l'affaire.
L'huissier m'est inconnu, comme le commissaire. (1)
Je ne mens pas d'un mot.

LÉANDRE.

                  Oui, je crois tout cela ;
Mais, si vous m'en croyez, vous les laisserez là.
En vain vous prétendez les pousser l'un et l'autre :
Vous troublerez bien moins leur repos que le vôtre.
Les trois quarts de vos biens sont déjà dépensés
A faire enfler des sacs l'un sur l'autre entassés ;
Et dans une poursuite à vous-même contraire...

CHICANEAU.

Vraiment, vous me donnez un conseil salutaire ;
Et, devant qu'il soit peu, je veux en profiter.
Mais je vous prie au moins de bien solliciter.
Puisque monsieur Dandin va donner audience,
Je vais faire venir ma fille en diligence ;
On peut l'interroger : elle est de bonne foi,
Et même elle saura mieux répondre que moi.

LÉANDRE.

Allez et revenez, l'on vous fera justice.

                 (CHICANEAU rentre chez lui.)

SCÈNE II.
LÉANDRE, seul.

Quel homme ! Je me sers d'un étrange artifice ;
Mais mon père est un homme à se désespérer,

(1) *Variante* :
    L'huissier m'est inconnu, comme le commissaire.
    Je vais chercher ma fille : elle est de bonne foi,
    Et même elle saura, etc.

Et d'une cause en l'air il le faut bien leurrer.
D'ailleurs j'ai mon dessein, et je veux qu'il condamne
Ce fou qui réduit tout au pied de la chicane.
Mais voici tous nos gens qui marchent sur nos pas.

SCÈNE III.

PETIT-JEAN; *LE SOUFFLEUR*, un cahier à la main;
LÉANDRE, DANDIN, L'INTIMÉ.

(UN VALET, après avoir placé un fauteuil pour Dandin, rentre dans la maison. PETIT-JEAN et L'INTIMÉ ont des robes et des bonnets d'avocat.)

DANDIN, à Petit-Jean et à L'Intimé.

Çà, qu'êtes-vous ici?

LÉANDRE.
Ce sont les avocats.

DANDIN, au souffleur.

Vous?

LE SOUFFLEUR.
Je viens secourir leur mémoire troublée.

DANDIN.
(A Léandre.)
Je vous entends. Et vous?

LÉANDRE.
Moi? Je suis l'assemblée.

DANDIN, assis.

Commencez donc.

LE SOUFFLEUR, placé un peu en arrière de Petit-Jean, et le soufflant.
Messieurs...

PETIT-JEAN.
Oh! prenez-le plus bas.

Si vous soufflez si haut, l'on ne m'entendra pas.
(A l'auditoire.)
Messieurs...

DANDIN.
Couvrez-vous.

PETIT-JEAN.
Oh! mes...

DANDIN.
Couvrez-vous, vous dis-je.

PETIT-JEAN.
Oh! monsieur, je sais bien à quoi l'honneur m'oblige.

DANDIN.

Ne te couvre donc pas.

PETIT-JEAN, se couvrant.

(Au Souffleur.)

Messieurs... Vous, doucement :
Ce que je sais le mieux, c'est mon commencement.

(A l'auditoire.)

Messieurs, quand je regarde avec exactitude
L'inconstance du monde, et sa vicissitude ;
Lorsque je vois parmi tant d'hommes différens ;
Pas une étoile fixe, et tant d'astres errans ;
Quand je vois les Césars, quand je vois leur fortune ;
Quand je vois le soleil, et quand je vois la lune ;

(A chacun des mots mal dits par PETIT-JEAN, le SOUFFLEUR lui souffle le vrai mot, et
PETIT-JEAN le répète.)

Quand je vois les états des Babiboniens (1)
Transféré, des serpens, (2) aux Nacédoniens ;(3)
Quand je vois les Lorrains, (4) de l'état dépotique, (5)
Passer au Démocrite, (6) et puis au monarchique ;
Quand je vois le Japon...

L'INTIMÉ.

Quand aura-t-il tout vu ?

PETIT-JEAN.

Oh ! pourquoi celui-là m'a-t-il interrompu ?
Je ne dirai plus rien.

DANDIN, à l'Intimé.

Avocat incommode,
Que ne lui laissez-vous finir sa période ?
Je suais sang et eau pour voir si du Japon
Il viendrait à bon port au fait de son chapon,
Et vous l'interrompez par un discours frivole.

(A Petit-Jean.)

Parlez donc, avocat.

PETIT-JEAN.

J'ai perdu la parole.

LÉANDRE.

Achève, Petit-Jean, c'est fort bien débuté.
Mais que font là tes bras pendans à ton côté ?

(1) Babyloniens.
(2) Persans.
(3) Macédoniens.
(4) Romains.
(5) Despotique.
(6) Démocratique.

Te voilà sur tes pieds droit comme une statue.
Dégourdis-toi. Courage ! Allons , qu'on s'évertue.

PETIT-JEAN, remuant les bras.

Quand... je vois... Quand... je vois...

LÉANDRE.

Dis donc ce que tu vois.

PETIT-JEAN.

Oh ! dame, on ne court pas deux lièvres à la fois.

LE SOUFFLEUR , soufflant Petit-Jean.

On lit...

PETIT-JEAN.

On lit.

LE SOUFFLEUR , de même.

Dans la...

PETIT-JEAN.

Dans la...

LE SOUFFLEUR, de même.

Métamorphose.

PETIT-JEAN.

Comment ?

LE SOUFFLEUR, de même.

Que la métem...

PETIT-JEAN.

Que la métem...

LE SOUFFLEUR, de même.

Psycose.

PETIT-JEAN.

Psycose.

SOUFFLEUR.

Et ! le cheval !

PETIT-JEAN.

Eh ! le cheval.

LF SOUFFLEUR.

Encor !

PETIT-JEAN.

Encor.

LE SOUFFLEUR.

Le chien !

PETIT-JEAN.

Le chien.

LE SOUFFLEUR.

Le butor !

PETIT-JEAN.

Le butor.

LE SOUFFLEUR.

Peste de l'avocat !

(Il jette à terre le cahier qu'il tenait.)

PETIT-JEAN.

Ah ! peste de toi-même !
Voyez cet autre avec sa face de carême.
Va-t'en au diable.

(LE SOUFFLEUR s'en va.)

SCÈNE IV.

PETIT-JEAN, LÉANDRE ; DANDIN, assis ; L'INTIMÉ.

DANDIN.

Et vous, venez au fait. Un mot
Du fait.

PETIT-JEAN.

Eh ! faut-il tant tourner autour du pot ?
Ils me font dire aussi des mots longs d'une toise,
De grands mots qui tiendraient d'ici jusqu'à Pontoise:
Pour moi, je ne sais point tant faire de façon,
Pour dire qu'un mâtin vient de prendre un chapon
Tant y a qu'il n'est rien que votre chien ne prenne ;
Qu'il a mangé là-bas un bon chapon du Maine ;
Que la première fois que je l'y trouverai,
Son procès est tout fait, et je l'assommerai.

LÉANDRE.

Belle conclusion, et digne de l'exorde !

PETIT-JEAN.

On l'entend bien toujours. Qui voudra mordre y morde.

DANDIN.

Appelez les témoins.

LÉANDRE.

C'est bien dit, s'il le peut.
Les témoins sont forts chers, et n'en a pas qui veut.

PETIT-JEAN.

Nous en avons pourtant, et qui sont sans reproche.

DANDIN.

Faites-les donc venir.

PETIT-JEAN.

PETIT-JEAN.

Je les ai dans ma poche.
Tenez, voilà la tête et les pieds du chapon.
Voyez-les, et jugez.

L'INTIMÉ.

Je les récuse.

DANDIN.

Bon!

Pourquoi les récuser?

L'INTIMÉ.

Monsieur, ils sont du Maine.

DANDIN.

Il est vrai que du Mans il en vient par douzaine.

L'INTIMÉ.

Messieurs.....

DANDIN.

Serez-vous long, avocat? dites-moi.

L'INTIMÉ.

Je ne réponds de rien.

DANDIN.

Il est de bonne foi.

L'INTIMÉ, d'un ton finissant en fausset.

Messieurs, tout ce qui peut étonner un coupable,
Tout ce que les mortels ont de plus redoutable,
Semble s'être assemblé contre nous par hasard;
Je veux dire la brigue, et l'éloquence. Car
D'un côté, le crédit du défunt m'épouvante;
Et de l'autre côté, l'éloquence éclatante
De maître Petit-Jean m'éblouit.

DANDIN, contrefaisant l'Intimé.

Avocat,
De votre ton vous-même adoucissez l'éclat.

L'INTIMÉ.

(Du beau ton.)

Oui-dà, j'en ai plusieurs. Mais quelque défiance
Que nous doivent donner la susdite éloquence,
Et le susdit crédit; ce néanmoins, messieurs,
L'ancre de vos bontés nous rassure. D'ailleurs,
Devant le grand Dandin l'innocence est hardie;
Oui, devant ce Caton de Basse-Normandie,
Ce soleil d'équité qui n'est jamais terni,
Victrix causa diis placuit, sed victa Catoni.

Les Plaideurs.   7

DANDIN.

Vraiment, il plaide bien.

L'INTIMÉ.

Sans craindre aucune chose,
Je prends donc la parole, et je viens à ma cause.
Aristote, *primo*, Peri Politicon...
Dit fort bien...

DANDIN.

Avocat, il s'agit d'un chapon,
Et non point d'Aristote, et de sa politique.

L'INTIMÉ.

Oui ; mais l'autorité du péripatétique
Prouverait que le bien et le mal...

DANDIN.

Je prétends
Qu'Aristote n'a point d'autorité céans.
Au fait.

L'INTIMÉ.

Pausanias, en ses Corinthiaques...

DANDIN.

Au fait.

L'INTIMÉ.

Rebuffe...

DANDIN.

Au fait, vous dis-je.

L'INTIMÉ.

Le grand Jacques...

DANDIN.

Au fait, au fait, au fait.

L'INTIMÉ.

Harmenopul in prompt...

DANDIN.

Oh! je te vais juger.

L'INTIMÉ.

Oh! vous êtes si prompt.

(Très-vite.)

Voici le fait. Un chien vient dans une cuisine;
Il y trouve un chapon, lequel a bonne mine.
Or, celui pour lequel je parle est affamé.
Celui contre lequel je parle *autem* plumé.
Et celui pour lequel je suis, prend en cachette
Celui contre lequel je parle. L'on décrette:
On le prend. Avocat pour et contre appelé.
Jour pris. Je dois parler, je parle, j'ai parlé.

DANDIN.

Ta, ta, ta, ta. Voilà bien instruire une affaire.
Il dit fort posément ce dont on n'a que faire,
Et court le grand galop quand il est à son fait.

L'INTIMÉ.

Mais le premier, monsieur, c'est le beau.

DANDIN.

       C'est le laid.

A-t-on jamais plaidé d'une telle méthode !
Mais qu'en dit l'assemblée ?

LÉANDRE.

     Il est fort à la mode.

L'INTIMÉ, d'un ton véhément.

Qu'arrive-t-il, messieurs ? On vient. Comment vient-on ?
On poursuit ma partie. On force la maison.
Quelle maison ? Maison de notre propre juge !
On brise le cellier qui nous sert de refuge.
De vol, de brigandage, on nous déclare auteurs.
On nous traîne, on nous livre à nos accusateurs ;
A maître Petit-Jean, messieurs. Je vous atteste :
Qui ne sait que la loi *si quis canis* ; digeste,
De vi ; paragrapho, messieurs, *caponibus*,
Est manifestement contraire à cet abus ?
Et quand il serait vrai que Citron ma partie
Aurait mangé, messieurs, le tout, ou bien partie
Dudit chapon : qu'on mette en compensation
Ce que nous avons fait avant cette action.
Quand ma partie a-t-elle été réprimandée ?
Par qui votre maison a-t-elle été gardée ?
Quand avons-nous manqué d'aboyer au larron ?
Témoin trois procureurs dont icelui Citron
A déchiré la robe : on en verra les pièces.
Pour nous justifier voulez-vous d'autres pièces ?

   (Il s'enroue, et ne peut plus parler.)

PETIT-JEAN.

Maître Adam...

L'INTIMÉ.

  Laissez-nous.

PETIT-JEAN.

    L'Intimé...

L'INTIMÉ.

      Laissez-nous.

PETIT-JEAN.

S'enroue.

L'INTIMÉ.

(Toussant.)

Eh ! laissez-nous. Euh , euh.

DANDIN.

Reposez-vous ,

Et concluez.

L'INTIMÉ, d'un ton pesant.

Puis donc qu'on nous permet de prendre
Haleine, et que l'on nous défend de nous étendre ;
Je vais , sans rien omettre , et sans prévariquer ,
Compendieusement énoncer , expliquer ,
Exposer à vos yeux l'idée universelle
De ma cause , et des faits renfermés en icelle.

DANDIN.

Il aurait plutôt fait de dire tout vingt fois ,
Que de l'abréger une. Homme , où qui tu sois,
Diable, conclus , ou bien que le ciel te confonde.

L'INTIMÉ.

Je finis.

DANDIN.

Ah !

L'INTIMÉ.

Avant la naissance du monde...

DANDIN , bâillant.

Avocat... Ah ! Passons au déluge.

L'INTIMÉ.

Avant donc

La naissance du monde et sa création,
Le monde, l'univers., tout ; la nature entière
Était ensevelie au fond de la matière.
Les élémens , le feu , l'air , et la terre , et l'eau,
Enfoncés , entassés, ne faisaient qu'un monceau ,
Une confusion, une masse sans forme ,
Un désordre , un chaos , une cohue énorme.
Unus erat toto Naturæ vultus in orbe ,
Quem Græci dixere cahos , rudis indigestaque moles...

(DANDIN, endormi , tombe de son fauteuil à terre.)

LÉANDRE.

Quelle chute ! Mon père !

PETIT-JEAN.

Ah ! monsieur, comme il dort.

(L'Intimé rentre dans la maison.)

SCÈNE V.

PETIT-JEAN, DANDIN, LÉANDRE.

LÉANDRE.

Mon père, éveillez-vous.

PETIT-JEAN.

Monsieur, êtes-vous mort?

LÉANDRE.

Mon père !

(Il relève Dandin, aidé de Petit-Jean, et le replace dans son fauteuil.)

DANDIN.

Eh bien ! eh bien ! Quoi? Qu'est-ce ? Ah ! ah, quel homme !
Certes, je n'ai jamais dormi d'un si bon somme.

LÉANDRE.

Mon père, il faut juger.

DANDIN.

Aux galères.

LÉANDRE.

Un chien

Aux galères !

DANDIN.

Ma foi ! je n'y conçois plus rien.
De monde, de chaos, j'ai la tête troublée.
Eh ! concluez.

SCÈNE VI.

PETIT-JEAN, DANDIN, L'INTIMÉ, LÉANDRE.

L'INTIMÉ, présentant à Dandin des petits chiens qu'il a été chercher.

Venez, famille désolée.

Venez, pauvres enfans, qu'on veut rendre orphelins,
Venez faire parler vos esprits enfantins.

(Il se met à genoux.)

Oui, messieurs, vous voyez ici notre misère :
Nous sommes orphelins. Rendez-nous notre père;
Notre père par qui nous fûmes engendrés,
Notre père qui nous...

DANDIN.

Tirez, tirez, tirez.

L'INTIMÉ.

Notre père, messieurs...

DANDIN.
Tirez donc. Quels vacarmes!
Ils ont pissé partout.

L'INTIMÉ.
Monsieur, voyez nos larmes.
(Il se relève.)

DANDIN.
Ouf. Je me sens déjà pris de compassion.
Ce que c'est qu'à propos toucher la passion !
Je suis bien empêché. La vérité me presse.
Le crime est avéré , lui-même il le confesse.
Mais, s'il est condamné, l'embarras est égal :
Voilà bien des enfans réduits à l'hôpital.
(L'Intimé reporte les petits chiens, et revient,)

SCÈNE VII et dernière.

PETIT-JEAN, LÉANDRE, CHICANEAU, *ISABELLE*;
DANDIN, assis ; L'INTIMÉ.

DANDIN, se levant en apercevant Chicaneau.
Mais je suis occupé, je ne veux voir personne.

CHICANEAU.
Monsieur...

DANDIN.
Oui, pour vous seuls l'audience se donne,
Adieu. Mais s'il vous plaît, quel est cet enfant là ?

CHICANEAU.
C'est ma fille , monsieur.

DANDIN.
Eh ! tôt, rappelez-la.

ISABELLE.
Vous êtes occupé.

DANDIN.
Moi ? je n'ai point d'affaire..
(A Chicaneau.)
Que ne me disiez-vous que vous étiez son père?

CHICANEAU.
Monsieur... (1)

DANDIN.
Elle sait mieux votre affaire que vous,
(A Isabelle.)
Dites. — Qu'elle est jolie, et qu'elle a les yeux doux ! —
Ce n'est pas tout , ma fille , il faut de la sagesse.—
Je suis tout réjoui de voir cette jeunesse.—
Savez-vous que j'étais un compère autrefois ?
On a parlé de nous.

(1) Petit-Jean , Léandre , Chicaneau , Dandin , Isabelle , L'Intimé.

ISABELLE.

Ah ! monsieur, je vous crois.

DANDIN.

Dis-nous : A qui veux-tu faire perdre la cause ?

ISABELLE.

A personne.

DANDIN.

Pour toi je ferai toute chose.
Parle donc.

ISABELLE.

Je vous ai trop d'obligation.

DANDIN.

N'avez-vous jamais vu donner la question ?

ISABELLE.

Non ; et ne le verrai, que je crois, de ma vie.

DANDIN.

Venez, je vous en veux faire passer l'envie.

ISABELLE.

Eh ! monsieur, peut-on voir souffrir des malheureux ?

DANDIN.

Bon ! cela fait toujours passer une heure ou deux.

CHICANEAU.

Monsieur, je viens ici pour vous dire...

(1) LÉANDRE.

Mon père,
Je vous vais en deux mots dire toute l'affaire.
C'est pour un mariage ; et vous saurez d'abord
Qu'il ne tient plus qu'à vous, et que tout est d'accord.
La fille le veut bien, son amant le respire ;
Ce que la fille veut, le père le désire.
C'est à vous de juger.

DANDIN, se rasseyant.

Mariez au plus tôt.
Dès demain, si l'on veut ; aujourd'hui, s'il le faut.

LÉANDRE.

Mademoiselle, allons, voilà votre beau-père ;
Saluez-le.

CHICANEAU.

Comment ?

DANDIN.

Quel est donc ce mystère ?

LÉANDRE.

Ce que vous avez dit se fait de point en point.

(1) Petit-Jean, Chicaneau, Léandre, Dandin, Isabelle, L'Intimé.

DANDIN.

Puisque je l'ai jugé, je n'en reviendrai point.

CHICANEAU.

Mais on ne donne pas une fille sans elle.

LÉANDRE.

Sans doute, et j'en croirai la charmante Isabelle.

CHICANEAU.

Es-tu muette ? Allons. C'est à toi de parler.
Parle.

ISABELLE.

Je n'ose pas, mon père, en appeler.

CHICANEAU.

Mais j'en appelle, moi.

LÉANDRE, lui montrant un contrat.

Voyez cette écriture :
Vous n'appellerez pas de votre signature.

CHICANEAU.

Plaît-il ?

DANDIN, regardant le contrat.

C'est un contrat en fort bonne façon.

CHICANEAU.

Je vois qu'on m'a surpris ; mais j'en aurai raison.
De plus de vingt procès ceci sera la source.
On a la fille, soit ; on n'aura pas la bourse.

LÉANDRE.

Eh ! monsieur, qui vous dit qu'on vous demande rien ?
Laissez-nous votre fille, et gardez votre bien.

CHICANEAU.

Ah !

LÉANDRE.

Mon père, êtes-vous content de l'audience ?

DANDIN.

Oui-dà. Que les procès viennent en abondance,
Et je passe avec vous le reste de mes jours.
Mais que les avocats soient désormais plus courts.
Et notre criminel ?

LÉANDRE.

Ne parlons que de joye.
Grâce, grâce, mon père.

DANDIN.

Eh bien ! qu'on le renvoye.
C'est en votre faveur, ma bru, ce que j'en fais.
Allons nous délasser à voir d'autres procès.

FIN DU TROISIÈME ET DERNIER ACTE.

www.ingramcontent.com/pod-product-compliance
Lightning Source LLC
LaVergne TN
LVHW022140080426
835511LV00007B/1188